PETITES VARIATIONS ORIGINALES

TROUSSES

Corine Romeyer

LE TEMPS APPRIVOISÉ

LES BASES DE LA COUTURE

AVANT DE COMMENCER

LE REPASSAGE

Le fer à repasser est un outil indispensable pour un travail soigné. Repassez vos pièces de tissu avant de les travailler et écrasez chaque pli au fer après couture. Il peut aussi servir à thermocoller.

LE SURFILAGE

Si votre tissu s'effiloche, faites une piqûre au point zigzag tout autour de la pièce afin de stopper les fils.

LE BATI

Pour maintenir le travail en place avant un montage définitif, il est conseillé de faire une couture à la main au point avant, que vous enlèverez une fois l'ouvrage terminé.

L'ENTOILAGE

Pour qu'une trousse ait de la tenue, je vous conseille d'associer un tissu épais avec un tissu plus fin. Si vos tissus sont trop souples, vous pouvez les renforcer avec de la Vlieseline, tissu non tissé thermocollant, du molleton ou même une triplure.

LES DIMENSIONS DES TISSUS

Dans les emplettes et dans les explications, la 1re mesure indiquée désigne la largeur de tissu nécessaire à la réalisation de l'ouvrage et la 2de mesure désigne la longueur à acheter.

CONSEIL

Réalisez votre ouvrage au fur et à mesure de la lecture du pas à pas. Les étapes prendront ainsi forme progressivement et tout vous semblera plus clair.

REALISER UN GABARIT

Tous les gabarits du livre sont proposés marges de couture comprises. Ce surplus de 7 ou 8 mm correspond à la largeur du pied-de-biche. Si vous n'alignez pas le pied-de-biche sur le bord du tissu, augmentez d'autant de millimètres la dimension du gabarit.

1. Décalquez le gabarit et reproduisez-le sur du papier cartonné afin de pouvoir le réutiliser plus tard.
2. Placez le gabarit sur l'envers du tissu, reportez-le à la craie, puis découpez.

ASTUCE

Pour couper les demi-gabarits, pliez le tissu en deux dans le sens du droit-fil.
Placez le gabarit sur le pli, épinglez et coupez les 2 épaisseurs de tissu en même temps.
Vous pouvez aussi reproduire le gabarit en entier sur du papier cartonné pour en simplifier l'utilisation.

LA COUTURE A LA MAIN

LE POINT AVANT

Il s'utilise pour les assemblages simples, pour bâtir ou pour froncer. Il se réalise de droite à gauche : sortez l'aiguille sur l'endroit du tissu, piquez-la dans le tissu vers la gauche et ressortez-la plus loin, en laissant chaque fois des espaces réguliers. Cela forme une ligne en pointillé.

LE POINT ARRIERE

Il s'utilise pour former des coutures solides et pour dessiner les contours.

Il se réalise de droite à gauche : sortez l'aiguille sur l'endroit du tissu, piquez-la dans le tissu vers la droite, puis ressortez-la très à gauche du 1er point de sortie de l'aiguille. Travaillez à intervalles réguliers : cela forme une ligne continue.

LE POINT GLISSE

Cela permet de fermer des ouvertures de façon esthétique et invisible, sans que les coutures soient apparentes. Il se réalise de droite à gauche, en faisant de petits points verticaux de part et d'autre des 2 tissus, très près du bord.

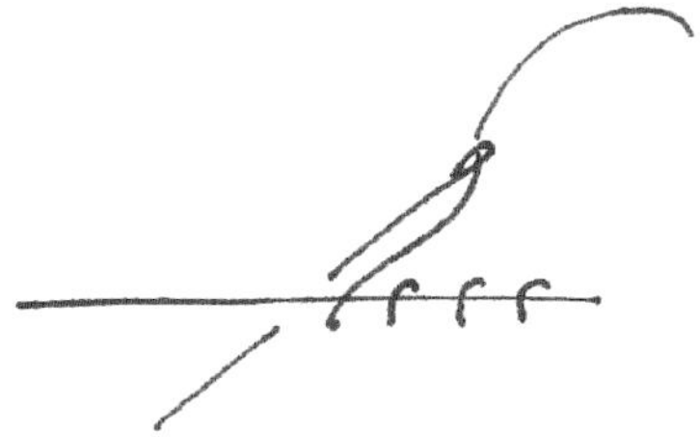

LA COUTURE A LA MACHINE

LE POINT DROIT

Il sert à assembler les pièces de tissu pour effectuer les montages. N'oubliez pas de faire toujours un essai sur une chute de tissu, ni de faire quelques points d'arrêt au début et à la fin de la couture.

LE POINT ZIGZAG

Il sert à surfiler les bords des tissus une fois coupés ou à réaliser des appliqués et des embouts de brides, pour éviter les surépaisseurs. La longueur et la largeur du point sont réglables selon l'effet recherché et le tissu utilisé.

LE POINT D'ARRET

Il sert à arrêter le début et la fin de la couture, grâce à un retour en arrière.

POSER UNE FERMETURE A GLISSIERE

Pour poser une fermeture à glissière, utilisez le pied-de-biche spécial « fermeture à glissière » de votre machine à coudre, afin de pouvoir piquer au plus près des crans.

POSER UNE FERMETURE SUR UNE TROUSSE DOUBLEE

1. Posez le tissu de l'extérieur de la trousse envers contre la surface de travail.
2. Placez la fermeture sur le bord du tissu, endroit de la fermeture sur l'endroit du tissu, puis posez la doublure par-dessus, endroit contre endroit.
3. Alignez bien les 3 éléments, épinglez-les, puis piquez tout le long, bien au bord, en faisant un point d'arrêt au début et à la fin de la couture.

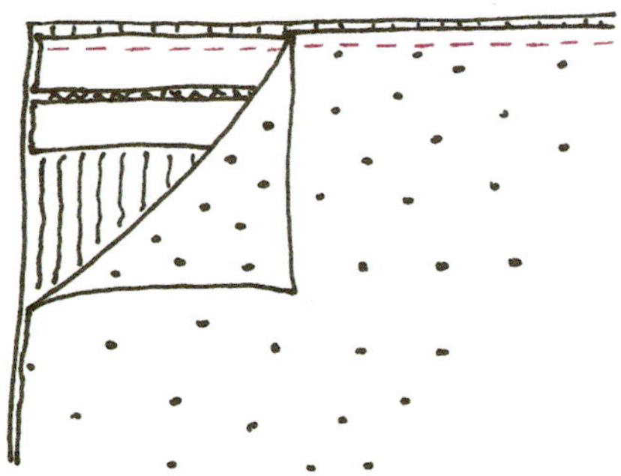

4. Retournez sur l'endroit pour dégager la fermeture et repassez.
5. Répétez l'opération avec l'autre partie de la fermeture.

POSER UNE FERMETURE DE FAÇON A FORMER UN TUBE

1. Posez le tissu de l'extérieur de la trousse envers contre la surface de travail.
2. Placez la fermeture sur le bord du tissu, endroit de la fermeture sur l'endroit du tissu.
3. Alignez bien les 2 éléments, épinglez-les, puis piquez tout le long, bien au bord.
4. Répétez l'opération sur le côté opposé du tissu.
5. Retournez sur l'endroit et faites une surpiqûre le long de chaque côté de la fermeture. Vous obtenez un tube.

ASTUCE

Lorsque la couture approche de la tirette, gardez l'aiguille dans le tissu et soulevez le pied-de-biche. Fermez ou ouvrez la fermeture sous le tissu pour pouvoir continuer à piquer bien au bord. Cela vous permettra d'obtenir une piqûre droite. Une fois la fermeture installée, coupez les morceaux qui dépassent au bord du tissu.

FORMER LES ANGLES

Cette technique permet à la fois de donner une forme triangulaire à la trousse et de lui permettre de tenir droite. La dimension de l'angle détermine la largeur du fond de la trousse.

1. Coupez la pointe de l'angle.

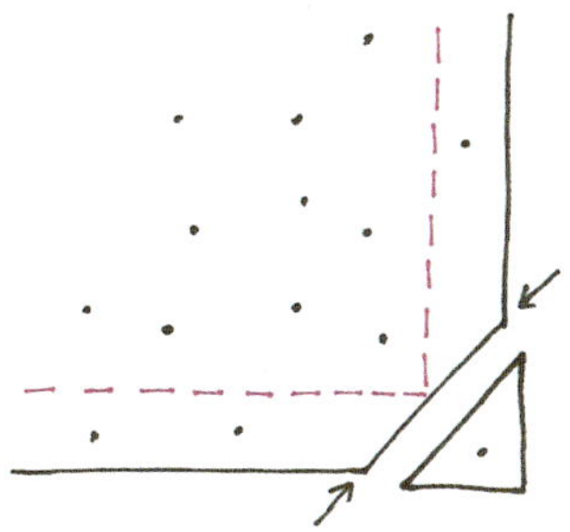

2. Pincez les coutures des côtés et du fond afin de les superposer. Vous obtenez une pointe.
3. Avec une règle, mesurez et tracez un angle de la dimension souhaitée. Piquez perpendiculairement aux coutures, puis coupez la pointe à 1 cm de la couture.

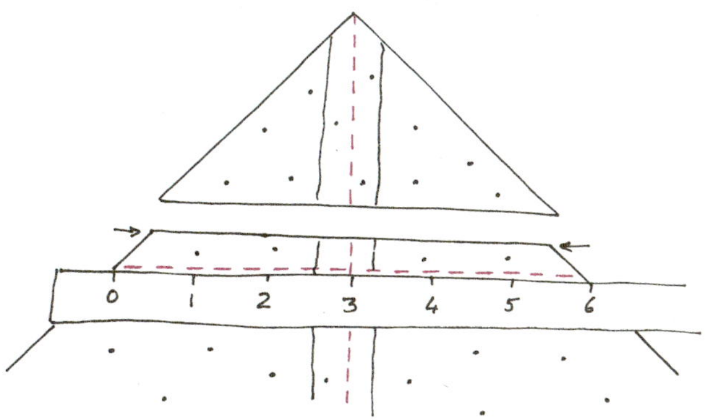

POSER UN BIAIS

1. Ouvrez le biais et épinglez-le endroit contre l'envers du tissu. Piquez sur le pli extérieur.
2. Retournez le tissu sur l'endroit et repliez le biais vers vous, de façon qu'il se place à cheval sur le tissu.
3. Epinglez et piquez bien au bord du biais.

POSER UN PASSEPOIL

1. Epinglez le passepoil sur l'endroit de la doublure, bien au bord, cordelette vers l'intérieur.
2. Installez le pied-de-biche « fermeture à glissière » sur votre machine à coudre. Piquez tout le long de la cordelette, bien au bord. Retournez sur l'envers.
3. Placez le tissu de l'extérieur sous l'ouvrage, endroit contre endroit : le passepoil se trouve entre les 2 tissus. Epinglez et repiquez sur la même couture.
4. Retournez le tout sur l'endroit.

ASTUCE

Si vous souhaitez donner une forme arrondie au fond ou au rabat de votre trousse, vous pouvez en arrondir les angles : choisissez un cercle de la taille de l'arrondi désiré, posez-le sur l'angle droit, tracez et découpez.

LA TROUSSE BASIQUE

CHOUETTE

MODELE 1 — MES EMPLETTES

- A

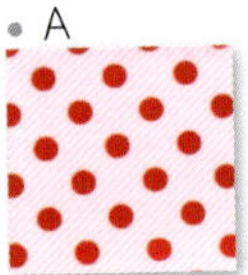

27 x 40 cm
de coton rose
à pois rouges

- B

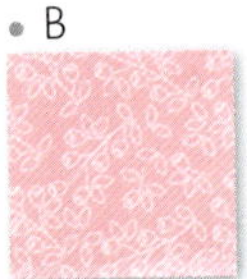

28 x 40 cm de
coton rose
à fleurs blanches

- C

des chutes
de coton blanc

- 1 fermeture à glissière rouge non séparable de 25 cm de long
- 1 tampon en forme de hibou
- 1 encreur textile rouge

URBAIN

MODELE 2 — MES EMPLETTES

- A

27 x 40 cm
de coton blanc
à maisons

- B

28 x 40 cm de
coton blanc
à fleurs

- C

des chutes de
coton blanc

- 1 fermeture à glissière verte non séparable de 25 cm de long
- 1 tampon en forme de scooter
- 1 encreur textile vert

PAPILLON

MODELE 3 — MES EMPLETTES

• A

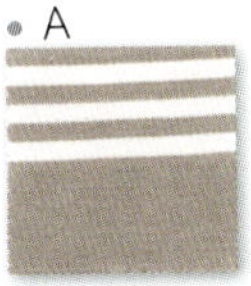

27 x 40 cm de toile à matelas rayée

• B

28 x 40 cm de coton blanc à pois beiges

• C

des chutes de coton blanc

- 1 fermeture à glissière beige non séparable de 25 cm de long
- 1 tampon en forme de papillon
- 1 encreur textile noir

PETIT MATERIEL

Ciseaux, aiguille et fil à coudre, règle, crayon, fer à repasser.

PAS A PAS

LA COUPE

1 Découpez 2 rectangles de 27 x 20 cm dans les tissus A et B et 1 bande de 1 x 20 cm dans le tissu B. Le tissu A correspond au tissu extérieur de la trousse et le tissu B à la doublure.

2 Découpez 1 carré de 10 cm de côté dans le tissu C.

LE TAMPON

1 Encrez le tampon puis appliquez-le sur le carré de tissu C. Laissez sécher.

2 Repassez le tampon pour fixer l'encre, en suivant bien les instructions du fournisseur.

L'ASSEMBLAGE

[1] Cousez le carré de tissu C sur l'un des rectangles de tissu A en vous amusant avec le point droit de votre machine à coudre.

[2] Posez la fermeture à glissière entre les tissus A et B, pour chaque côté de la trousse (voir p. 4).

[3] Posez le rectangle obtenu sur la surface de travail, de façon à placer les 2 tissus A endroit contre endroit et les 2 tissus B endroit contre endroit. Rentrez les bords de la fermeture du côté des tissus B et ouvrez-la en partie.

ASTUCE

Pour un rendu plus original, n'hésitez pas à coudre le carré de tissu tamponné en variant l'utilisation des points de votre machine à coudre.

[4] Piquez tout autour du rectangle en commençant par le bas du tissu B, sans oublier de laisser une ouverture de 12 cm du côté du tissu B.

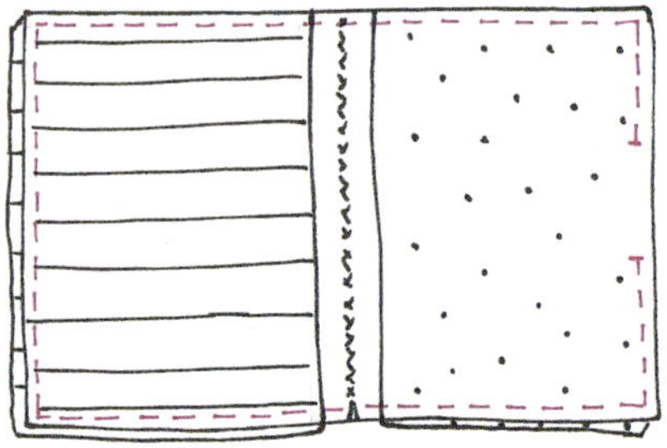

[5] Réalisez le fond de la trousse (voir p. 5) de façon à obtenir des angles de 6 cm.

[6] Retournez la trousse sur l'endroit par l'ouverture de la doublure en replaçant correctement les angles.

[7] Fermez l'ouverture de la doublure à points glissés.

LES FINITIONS

[1] Enfilez la bande de tissu B sur la tirette de la fermeture : faites une boucle avec un morceau de fil rigide, placez la bande de tissu à cheval dans la boucle, passez les 2 extrémités du fil dans le chas de la tirette et tirez pour faire sortir le ruban.

[2] Nouez les 2 extrémités de la bande.

PARIS
JUIN
1921
Bien affectueusement

LA TROUSSE CARTABLE

HIVER

MODELE 1

MES EMPLETTES

• A

27 x 55 cm de simili cuir gris

• B

27 x 45 cm de batiste rose à étoiles argentées

- 27 cm de biais rose à étoiles argentées
- 1 fermeture à glissière grise non séparable de 25 cm de long
- 3 petits boutons roses à étoiles argentées

ETE

MODELE 2

MES EMPLETTES

• A

27 x 55 cm de Liberty enduit bleu à fleurs

• B

27 x 45 cm de coton vert anis

- 27 cm de biais vert anis
- 1 fermeture à glissière vert anis non séparable de 25 cm de long
- 3 petits boutons vert anis

MODELE 3

MES EMPLETTES

- A

27 x 55 cm de lin taupe

- B

27 x 45 cm de Liberty chocolat à fleurs

- 27 cm de biais Liberty chocolat à fleurs
- 1 fermeture à glissière chocolat non séparable de 25 cm de long
- 3 petits boutons nacrés en forme de fleur

PETIT MATERIEL

Ciseaux, aiguille et fil à coudre, règle, crayon, fer à repasser.

PAS A PAS

LA COUPE

1 Dans le tissu A, découpez 1 rectangle de 27 x 40 cm, 1 rectangle de 27 x 9 cm et 1 bande de 17 x 5 cm. Sur l'endroit du 1er rectangle, marquez un repère à 10 cm et un repère à 27 cm sur chaque long côté.

2 Dans le tissu B, découpez 1 rectangle de 27 x 40 cm et 1 bande de 17 x 5 cm. Sur l'endroit du rectangle, marquez un repère à 27 cm sur chaque long côté.

L'ASSEMBLAGE

LA POCHE

1 Posez le biais sur un des longs côtés du rectangle de 27 x 9 cm de tissu A (voir p. 5).

2 Tracez un trait à 1 cm du bord sur toute la longueur du tissu, sur l'envers, sur le côté opposé au biais.

3 Placez la poche sur le grand rectangle de tissu A, endroit contre endroit, biais vers le bas, en plaçant le trait sur le repère à 10 cm. Piquez le long du trait.

4 Rabattez la poche vers le haut et faites une couture centrale, de façon à séparer la poche en 2 compartiments distincts.

LA TROUSSE

1 Posez la fermeture sur le grand rectangle du tissu A, de façon à obtenir un tube (voir p. 4, étapes 1 à 4). Ouvrez en partie la fermeture et laissez l'ouvrage sur l'envers.

2 Centrez la fermeture sur le repère placé à 27 cm, épinglez les côtés et piquez à 1 cm du bord, au ras de la fermeture.

3 Formez les angles du bas et du haut de la trousse (voir p. 5). Les angles du bas doivent mesurer 7 cm et ceux du haut 4 cm.

4 Retournez la trousse sur l'endroit.

LA DOUBLURE

1 Faites un rentré de 1 cm de chaque côté du grand rectangle de tissu B, envers contre envers. Repassez.

2 Rabattez chaque côté du rectangle endroit contre endroit de part et d'autre du repère, en laissant un espace d'environ 1 cm entre les tissus. Piquez les côtés du tube à 1 cm du bord.

3 Insérez la doublure dans la trousse, envers de la doublure contre envers de la trousse. Epinglez autour de la fermeture et cousez à points glissés.

L'ANSE

1 Superposez les 2 bandes de tissu A et B endroit contre endroit. Piquez tout autour du rectangle en alignant l'extérieur du pied-de-biche (largeur 7-8 mm) sur le bord du tissu. Laissez une ouverture de 4 cm au milieu.

2 Retournez sur l'endroit et surpiquez tout autour.

3 Positionnez chaque côté de l'anse à 3 cm du bord, tissu B sur le dessus. Bâtissez.

4 Repiquez sur les coutures des extrémités en formant un rectangle de 2 cm de largeur, avec une croix centrale pour plus de solidité.

LES FINITIONS

Cousez les 3 boutons sur la couture centrale de la poche.

L'ETUI A ECOUTEURS

ROUGE CERISE

MODELE 1 — MES EMPLETTES

- A

11 x 30 cm de coton blanc à cerises

- B

13 x 13 cm de feutrine rouge

- 10 cm de biais blanc à pois rouges
- 1 fermeture à glissière rouge non séparable de 15 cm de long
- 1 anneau de porte-clés

FRAISE PISTACHE

MODELE 2 — MES EMPLETTES

- A

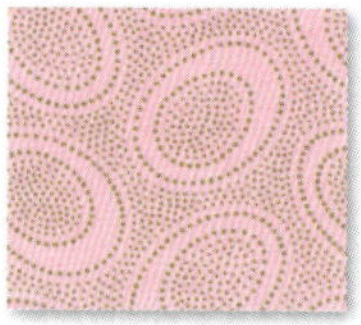

11 x 30 cm de coton rose à bulles vertes

- B

13 x 13 cm de feutrine écrue

- 10 cm de biais Liberty fleuri
- 1 fermeture à glissière rose pâle non séparable de 15 cm de long
- 1 anneau de porte-clés

CŒUR REGLISSE

MODELE 3

MES EMPLETTES

• A

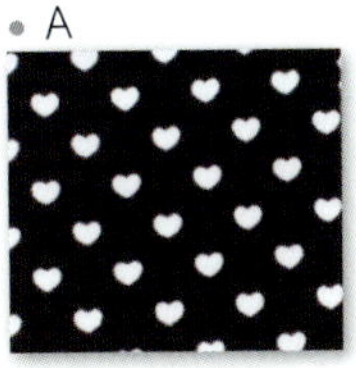

11 x 30 cm de coton noir à cœurs blancs

• B

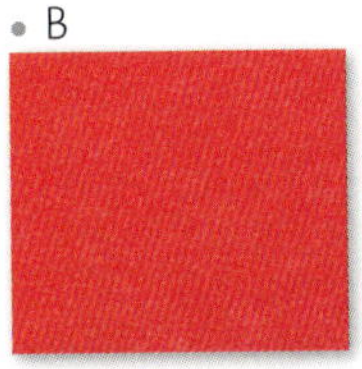

13 x 13 cm de feutrine rose

- 10 cm de biais gris à pois blancs
- 1 fermeture à glissière rose non séparable de 15 cm de long
- 1 anneau de porte-clés

PETIT MATERIEL

Ciseaux, ciseaux cranteurs, aiguille et fil à coudre, crayon, règle, compas, cartonnette.

PAS A PAS

LA COUPE

1 Reproduisez le gabarit de la fleur sur de la cartonnette (voir p. 47), puis reportez-le sur l'envers du tissu B. Reportez également les repères de placement du biais et de la fermeture. Découpez.

2 Avec le compas, tracez un cercle de 8 cm de diamètre sur de la cartonnette et découpez-le. Tracez son diamètre : cela correspondra à l'emplacement de la fermeture.

3 Découpez 2 rectangles de 11 x 7 cm et 1 rectangle de 11 x 13 cm dans le tissu A.

L'ASSEMBLAGE

1 Installez le pied-de-biche « fermeture à glissière » sur votre machine à coudre.

2 Posez la fermeture : placez le bord supérieur de la fermeture sur un des côtés de 11 cm du rectangle de 11 x 7 cm de tissu A, tirette contre l'endroit du tissu. Centrez la fermeture, car elle doit dépasser de chaque côté. Epinglez et cousez bien au bord. Répétez l'opération pour l'autre partie de la fermeture.

3 Retournez l'ouvrage sur l'endroit et surpiquez de chaque côté de la fermeture, bien au bord.

4 Posez le rectangle de 11 x 13 cm de tissu A endroit sur la surface de travail. Posez la pièce obtenue précédemment par-dessus, endroit contre envers. Epinglez tout autour.

5 Placez le cercle cartonné au centre de l'ouvrage en alignant le trait tracé sur le gabarit et le milieu de la fermeture. Tracez le contour du cercle. Ouvrez la fermeture au centre du cercle, puis piquez tout autour.

6 Découpez à 5 mm du bord du cercle, puis crantez tout le tour. Retournez sur l'endroit.

7 Epinglez la trousse ainsi obtenue sur la fleur en feutrine.

8 Enfilez l'anneau du porte-clés sur le morceau de biais et pliez celui-ci en deux. Glissez-le sur le pétale du haut, entre la trousse et la fleur, boucle vers l'extérieur.

9 Bâtissez, puis piquez la trousse sur la fleur, bien au bord du cercle.

ASTUCE

Au moment du passage de la fermeture à glissière sous l'aiguille, actionnez votre machine à coudre à la main pour ne pas casser l'aiguille.

LA TROUSSE CHIC

ROMANTIQUE

MODELE 1 — MES EMPLETTES

• A

40 x 16 cm de coton
rose à nœuds blancs

• B

22 x 20 cm de coton
rose à fleurs roses

- 50 cm de ruban vert anis à pois blancs
- 1 fermeture à glissière fuchsia non séparable de 15 cm de long
- 1 nœud vichy vert anis

GRAPHIQUE

MODELE 2 — MES EMPLETTES

• A

40 x 16 cm de coton
jaune fluo

• B

22 x 20 cm de coton
noir à étoiles argentées

- 50 cm de ruban noir à surpiqûres blanches
- 1 fermeture à glissière jaune fluo non séparable de 15 cm de long
- 1 nœud noir à surpiqûres blanches

ELECTRIQUE

MODELE 3

MES EMPLETTES

• A

40 x 16 cm de coton orange à courbes beiges

• B

22 x 20 cm de coton beige à carrés orange

- 50 cm de ruban à chevrons orange et beige
- 1 fermeture à glissière beige non séparable de 15 cm de long
- 1 nœud orange à pois blancs

PETIT MATERIEL

Ciseaux, ciseaux cranteurs, aiguille et fil à coudre, papier-calque, cartonnette, crayon, compas, mètre, fer à repasser.

PAS A PAS

LA COUPE

1 Reproduisez le demi-gabarit sur du papier-calque (voir p. 46), puis reportez-le sur de la cartonnette de façon à obtenir la pièce entière.

2 Découpez 2 fois le gabarit ainsi que 2 rectangles de 18 x 6 cm dans le tissu A. Découpez également 2 rectangles de 22 x 10 cm dans le tissu B.

3 Avec le compas, tracez 1 cercle de 10 cm de diamètre dans de la cartonnette et découpez-le. Placez-le sur un des angles du bas d'un rectangle de tissu B de façon qu'il touche les côtés de l'angle droit. Tracez l'arrondi et coupez sur le trait. Répétez l'opération pour l'autre angle du bas du rectangle, puis sur l'autre rectangle de tissu B.

4 Coupez 2 morceaux de 18 cm dans le ruban.

L'ASSEMBLAGE

1 Marquez des repères à 9 cm, 11 cm et 13 cm du bas de chaque rectangle de tissu B, sur le long côté droit.

2 Rabattez les repères extérieurs sur le repère central, épinglez et piquez le pli ainsi obtenu. Repassez les plis en laissant un espace de 2 cm entre les 2 plis, en bas du rectangle. Fixez à la main par un petit point. Répétez l'opération pour l'autre rectangle.

3 Posez un rectangle de tissu A sur l'endroit d'une des pièces de tissu B, endroit contre endroit, bord du rectangle de tissu A contre le haut du pli. Epinglez et assemblez. Ouvrez la pièce obtenue sur l'endroit et repassez. Placez le ruban à cheval sur la couture centrale et piquez des 2 côtés.

4 Répétez l'opération avec les 2 autres pièces A et B : vous avez les 2 parties extérieures de la trousse.

5 Posez la fermeture à glissière entre les parties extérieures bicolores et les doublures en tissu A, pour chaque côté de la trousse (voir p. 4).

6 Posez la pièce obtenue sur la surface de travail, de façon à placer les 2 tissus A endroit contre endroit et les 2 tissus B endroit contre endroit. Rentrez les bords de la fermeture du côté des tissus B et ouvrez celle-ci en partie.

7 Piquez tout autour en commençant par le bas du tissu B, sans oublier de laisser une ouverture de 10 cm du côté du tissu B. Crantez les parties arrondies, puis retournez la trousse sur l'endroit.

8 Fermez l'ouverture de la doublure à points glissés.

LES FINITIONS

1 Fixez le nœud au centre du ruban par un petit point glissé.

2 Coupez un morceau de 12 cm dans le ruban et taillez les extrémités en biais. Enfilez-le sur la tirette de la fermeture : faites une boucle avec un morceau de fil rigide, placez la bande de tissu à cheval dans la boucle, passez les 2 extrémités du fil dans le chas de la tirette et tirez pour faire sortir le ruban.

3 Nouez les 2 extrémités de la bande.

ASTUCE

Pour réaliser vos gabarits, utilisez des cartons légers comme des boîtes de céréales ou des boîtes d'emballages cadeaux.

L'ENVELOPPE NOUEE

A FLEURS

MODELE 1 — MES EMPLETTES

• A

22 x 30 cm de coton orange à petites fleurs

• B

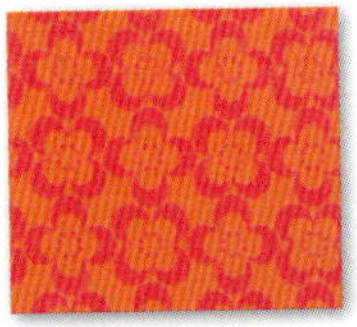

22 x 30 cm de coton orange à grosses fleurs

- 1 fermeture à glissière orange non séparable de 20 cm de long
- 1 pression Kam rose
- 1 pompon rose

A TRIANGLES

MODELE 2 — MES EMPLETTES

• A

22 x 30 cm de coton à triangles

• B

22 x 30 cm de coton aubergine

- 1 fermeture à glissière vert d'eau non séparable de 20 cm de long
- 1 pression Kam vert d'eau
- 1 pompon aubergine

A POIS

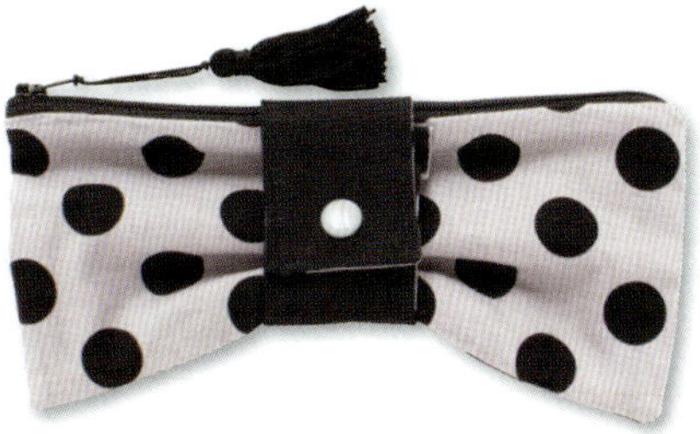

MODELE 3

MES EMPLETTES

• A

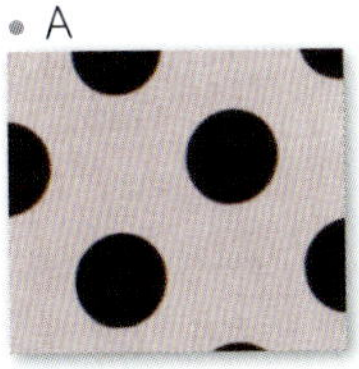

22 x 30 cm de coton gris à pois noirs

• B

22 x 30 cm de coton noir

- 1 fermeture à glissière noire non séparable de 20 cm de long
- 1 pression Kam grise
- 1 pompon noir

PETIT MATERIEL

Ciseaux, aiguille et fil à coudre, mètre, pince pour pression Kam, fer à repasser.

PAS A PAS

ASTUCE

Ne remplissez pas trop la trousse pour qu'elle conserve sa forme de nœud.

LA COUPE

Découpez 2 rectangles de 22 x 11 cm et 1 rectangle de 22 x 6 cm dans les tissus A et B.

L'ASSEMBLAGE

1. Posez la fermeture à glissière entre les tissus A et B, pour chaque côté de la trousse (voir p. 4).

2. Posez le rectangle obtenu sur la surface de travail, de façon à placer les 2 tissus A endroit contre endroit et les 2 tissus B endroit contre endroit. Rentrez les bords de la fermeture du côté des tissus B et ouvrez celle-ci en partie.

3. Piquez tout autour du rectangle en commençant par le bas du tissu B, sans oublier de laisser une ouverture de 10 cm du côté du tissu B.

4. Retournez la trousse sur l'endroit par l'ouverture de la doublure, puis fermez l'ouverture à points glissés.

5. Placez les 2 rectangles de tissu A et B restants endroit contre endroit. Piquez sur 3 côtés en commençant par une des longueurs, puis retournez la patte sur l'endroit par l'ouverture.

6. Faites un rentré de 1 cm vers l'intérieur au niveau de l'ouverture. Repassez.

7. Fixez une partie de la pression Kam en suivant les instructions du fournisseur, à 4,5 cm de la partie ouverte de la patte, côté à clipper sur le tissu A. Fixez l'autre partie de la pression à 1,5 cm sur l'autre bout de la patte, en posant cette fois la partie plate sur le tissu A.

8. Centrez la patte sur la trousse en laissant environ 7,7 cm de chaque côté, côté ouvert le long de la fermeture. Bâtissez.

9. Piquez la patte le long de la fermeture en cousant en aller-retour.

LES FINITIONS

1. Clippez la pression pour former le nœud.

2. Attachez le pompon dans le chas de la tirette de la fermeture.

LA MINAUDIERE

FRUITS DES BOIS

MODELE 1 — MES EMPLETTES

- A

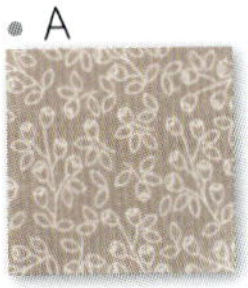

27 x 30 cm de coton gris à fleurs blanches

- B

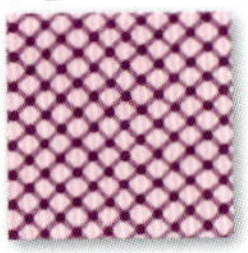

27 x 30 cm de coton violet à carreaux

- C

17 x 12,5 cm de coton thermocollant violet et gris à fruits

- 1 fermoir métallique de 18 cm de long
- 1 échevette de coton à broder gris perle
- 2 pompons suédine gris
- 2 anneaux de fixation de 0,8 cm de diamètre

PETITES FLEURS

MODELE 2 — MES EMPLETTES

- A

27 x 30 cm de coton vieux rose

- B

27 x 30 cm de coton beige

- C

17 x 12,5 cm de coton thermocollant marron à fleurs

- 1 fermoir métallique de 18 cm de long
- 1 échevette de coton à broder rose
- 2 pompons suédine marron
- 2 anneaux de fixation de 0,8 cm de diamètre

MODELE 3

MES EMPLETTES

• A

27 x 30 cm de coton à arabesques

• B

27 x 30 cm de coton vert à pois blancs

• C

17 x 12,5 cm de coton thermocollant turquoise à pois blancs

- 1 fermoir métallique de 18 cm de long
- 1 échevette de coton à broder turquoise
- 2 pompons suédine turquoise
- 2 anneaux de fixation de 0,8 cm de diamètre

PETIT MATERIEL

Ciseaux, aiguille et fil à coudre, aiguille à broder, craie ou crayon, papier-calque, cartonnette, fer à repasser, pince plate.

PAS A PAS

LA COUPE

1 Reproduisez le contour du gabarit sur de la cartonnette (voir p. 46), puis reportez-le 2 fois sur l'envers des tissus A et B. Reportez également le repère en pointillé. Découpez les 4 pièces.

2 Reproduisez le triangle placé dans le gabarit sur de la cartonnette (voir p. 46), puis reportez-le 2 fois dans le tissu C. Reportez également le repère en pointillé. Découpez.

L'ASSEMBLAGE

LA TROUSSE

1 Placez le triangle en tissu C sur la pièce en tissu A, envers contre endroit et alignez les repères en pointillé. Avec le fer à repasser, thermocollez le triangle en tissu thermocollant.

2 Répétez l'opération avec l'autre triangle sur l'autre pièce en tissu A, puis placez les 2 pièces ainsi obtenues endroit contre endroit. Piquez ensemble la partie basse, jusqu'au décroché. Retournez sur l'endroit.

3 Superposez les 2 pièces en tissu B de la même façon et piquez tout le tour en laissant une ouverture centrale d'environ 12 cm.

4 Enfilez l'extérieur de la trousse à l'intérieur de la pièce en tissu B obtenue à l'étape précédente, endroit contre endroit. Alignez bien les bords, épinglez tout autour, bâtissez et piquez.

5 Retournez la trousse par l'ouverture de la doublure. Replacez bien les angles et repassez tout autour de l'ouverture.

LE FERMOIR

1 Insérez soigneusement les bords de la trousse dans le fermoir métallique, en commençant par les côtés au niveau des charnières. Pour que le fermoir soit bien centré, comptez les trous du fermoir et alignez la pointe du triangle sur le trou central.

2 Bâtissez à grands points en piquant dans un trou sur deux sur le tour extérieur du fermoir.

3 Enfilez une aiguillée de 120 cm de coton à broder, en 4 brins. En partant de la charnière, cousez le 1er côté du fermoir au point avant : enfilez l'aiguille dans un trou et ressortez-la dans le suivant. Vous obtenez des pointillés sur le fermoir. Lorsque vous êtes arrivé à l'extrémité, repartez en sens inverse en comblant les espaces vides. Arrêtez le fil.

4 Répétez l'opération sur l'autre partie du fermoir.

LES FINITIONS

Avec une pince plate, ouvrez l'anneau de fixation en tirant une de ses extrémités vers vous. Introduisez-le dans le crochet du fermoir métallique et glissez-y le pompon, puis refermez avec la pince. Répétez l'opération avec l'autre pompon.

ASTUCE

Pour régler le fer à repasser à la bonne température, faites toujours un essai avec un morceau de thermocollant, car chaque marque est différente.

LA POCHETTE DE FILLE

COQUETTE

MODELE 1 — MES EMPLETTES

- A

24 x 40 cm de Liberty enduit kaki

- B

26 x 50 cm de flanelle verte

- 1 m de dentelle verte
- 1 bouton magnétique à coudre
- 1 bouton rose

SECRETE

MODELE 2 — MES EMPLETTES

- A

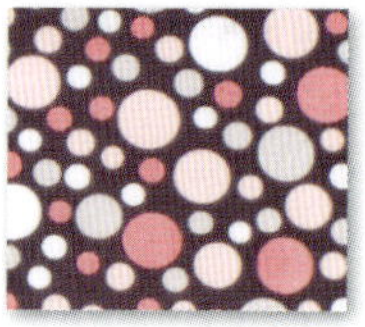

24 x 40 cm de coton gris à pois roses

- B

26 x 50 cm de coton noir

- 1 m de passepoil rose fluo
- 1 bouton magnétique à coudre
- 1 bouton rose fluo

DISCRETE

MODELE 3 — MES EMPLETTES

• A

24 x 40 cm de coton vert anis à pois turquoise

• B

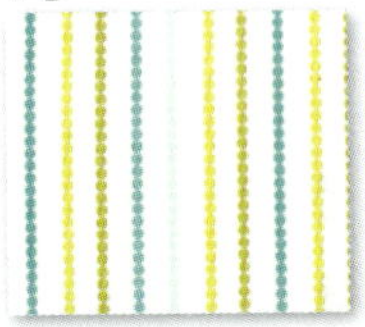

26 x 50 cm de coton blanc à rayures vert anis et turquoise

- 1 m de croquet turquoise
- 1 bouton magnétique à coudre
- 1 bouton vert anis

PETIT MATERIEL

Ciseaux, aiguille et fil à coudre, craie ou crayon, papier-calque, cartonnette, fer à repasser.

PAS A PAS

LA COUPE

1 Reproduisez le demi-gabarit complet sur du papier-calque (voir p. 46), puis reportez-le sur de la cartonnette de façon à obtenir la pièce entière. Reportez également les repères des pinces. Découpez.

2 Répétez l'opération avec la partie basse du gabarit.

3 Reportez le gabarit complet et le gabarit de la partie basse sur l'envers des tissus A et B. Reportez également les repères. Découpez.

4 Dans le tissu B, découpez 1 cercle de 10 cm de diamètre.

L'ASSEMBLAGE

1 Sur les 4 pièces obtenues à partir des gabarits, formez les pinces en épinglant les repères placés face à face. Piquez et coupez le surplus.

2 Posez les 2 pièces de la partie basse endroit contre endroit, puis piquez le côté opposé aux pinces. Retournez sur l'endroit, repassez et faites une petite surpiqûre bien au bord de la partie cousue.

3 Epinglez la dentelle, le passepoil ou le croquet tout autour de la pièce en tissu A, sur l'endroit. Veillez à placer la partie visible en fin de travail à l'intérieur de la pièce et la jonction des extrémités sous la trousse, de façon qu'elles se chevauchent et qu'elles dépassent de 1 cm sur l'extérieur. Bâtissez et piquez (pour la pose du passepoil, voir p. 5).

4 Placez le bas de la trousse préparé précédemment sur le gabarit complet en tissu A, endroit du tissu B contre endroit du tissu A. Epinglez en superposant bien les pinces et piquez uniquement le fond entre les pinces.

5 Posez la pièce en tissu B sur l'ouvrage, endroit du tissu B contre endroit du tissu A. Epinglez, bâtissez, puis piquez tout autour en laissant une ouverture de 10 cm environ sur le fond. Commencez la couture 2 cm avant une pince et terminez-la 2 cm après l'autre pince.

6 Retournez la trousse par l'ouverture de la doublure et fermez-la à points glissés. Repassez.

LES FINITIONS

1 Formez un yoyo avec le cercle de tissu B : faites un rentré de 2 mm autour du cercle en tissu B, bâtissez au point avant, puis tirez sur le fil de fronce et nouez.

2 Placez le bouton sur le yoyo, sur la partie extérieure du rabat, de façon que les trous du bouton soient placés au centre du rabat, à 1 cm du bord. Fixez ensemble la partie plate de la pression magnétique, sur l'envers du rabat, et le yoyo recouvert par le bouton.

3 Fixez l'autre partie de la pression magnétique sur la partie basse de la trousse, en centrant les trous de couture à 4 cm du bord supérieur.

LA POCHETTE DU SOIR

NEON

MODELE 1 — MES EMPLETTES

• A

26 x 50 cm de simili cuir d'autruche noir

• B

31 x 50 cm de coton à triangles noirs et blancs

- 50 cm de cordon spaghetti rose fluo
- 1 gros bouton rond noir et blanc

CHIC

MODELE 2 — MES EMPLETTES

• A

26 x 50 cm de lin lamé or

• B

31 x 50 cm de coton beige à fleurs

- 50 cm de cordon spaghetti beige à fleurs
- 1 gros bouton doré en forme de rose

FUN

MODELE 3

MES EMPLETTES

• A

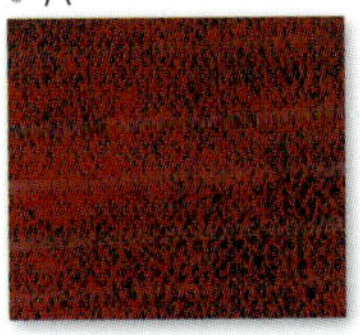

26 x 50 cm de simili cuir rouge frappé

• B

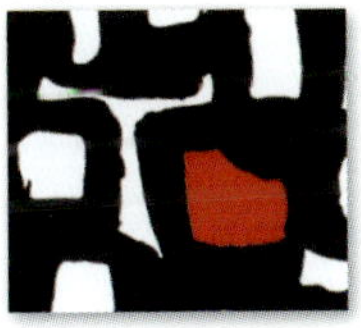

31 x 50 cm de coton noir à taches blanches

- 50 cm de cordon spaghetti rouge à pois blancs
- 1 gros bouton noir et rouge en forme de fleur

PETIT MATERIEL

Ciseaux, aiguille et fil à coudre, craie ou crayon, papier-calque, cartonnette, fer à repasser.

PAS A PAS

LA COUPE

1 Reproduisez le gabarit du rabat sur du papier-calque (voir p. 47), puis reportez-le sur de la cartonnette de façon à obtenir la pièce entière. Reportez également le repère de couture du cordon. Découpez.

2 Tracez 1 carré de 26 cm de côté sur l'envers du tissu A. Placez le gabarit à l'extérieur du carré le long d'un de ses côtés, arrondi à gauche, en alignant bien les bords. Reportez-le, sans oublier le repère de couture du cordon. La pièce est séparée en deux par la ligne de limite du rabat. Découpez.

3 Répétez l'opération sur l'envers du tissu B, en inversant le gabarit de façon que l'arrondi se retrouve à droite, pour respecter l'asymétrie.

4 Coupez 1 bande de 4,5 x 32 cm dans le tissu B.

L'ASSEMBLAGE

1 Avec un fer à repasser, marquez un rentré de 1 cm de chaque côté de la bande de tissu B, comme pour un biais. Aplatissez bien.

2 Placez la pièce de tissu A envers contre la surface de travail, rabat vers le bas. L'arrondi se trouve à gauche. Tracez 2 repères sur le côté gauche de la pièce, à 15,5 cm et à 17 cm du haut, et 2 sur le côté droit, à 3 cm et à 5,5 cm du haut (1).

3 Alignez la bande de tissu B sur les marques et piquez de chaque côté, bien au bord. Coupez les surplus extérieurs de tissu.

4 Superposez les tissus A et B, endroit contre endroit. Insérez le cordon entre les 2 tissus en respectant le sens du repère, et en le laissant dépasser de 2 cm. Epinglez, puis cousez l'arrondi du rabat et le fond de la pochette, du côté opposé (2).

5 Ecartez les tissus A et B du corps de la pochette et alignez la couture du fond sur la limite du rabat. Chaque tissu forme un rectangle isolé (3).

6 Rentrez le cordon dans le rabat. Piquez les 2 côtés du rectangle formé par le tissu A jusqu'à la couture centrale, sans piquer sur celle-ci (3).

7 Piquez l'un des côtés du rectangle formé par le tissu B jusqu'à la couture centrale, sans piquer sur celle-ci. Sur l'autre côté, piquez uniquement 2 cm à chaque extrémité (3).

8 Retournez la pochette sur l'endroit par l'ouverture de la doublure et sortez bien les angles.

9 Repassez l'ouvrage, épinglez tout autour de l'ouverture en laissant apparaître 1 mm de tissu B, puis piquez bien au bord.

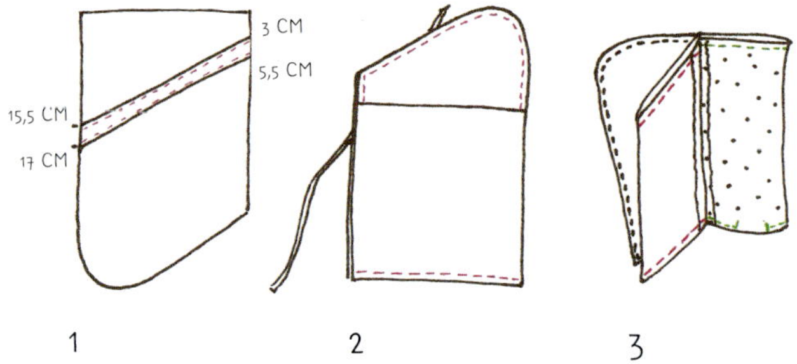

LES FINITIONS

1 Fixez le bouton sur la bande de tissu B à 8 cm du bord droit.

2 Entourez le lien autour du bouton pour fermer la pochette.

L'ORGANISEUR DE SAC

NUAGE

MODELE 1 MES EMPLETTES

• A

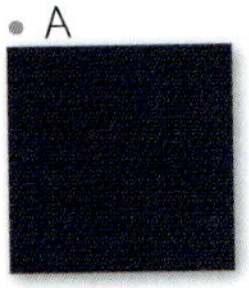

40 x 60 cm de toile bleu marine

• B

30 x 62 cm de Liberty à étoiles

• C

30 x 62 cm de coton beige à pois blancs

- 74 cm de biais Liberty à étoiles
- 1 porte-clés mousqueton
- 1 bouton nacré beige en forme de nuage
- 1 pression Kam bronze ou 1 pression à coudre

KOKESHI

MODELE 2 MES EMPLETTES

• A

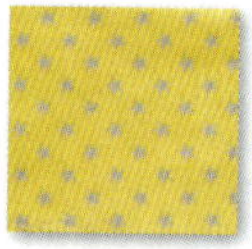

40 x 60 cm de coton enduit moutarde à étoiles argentées

• B

30 x 62 cm de coton rouge

• C

30 x 62 cm de coton moutarde à fleurs rouges

- 74 cm de biais moutarde à étoiles argentées
- 1 porte-clés mousqueton
- 1 bouton rouge à motif Kokeshi
- 1 pression Kam rouge ou 1 pression à coudre

PAPILLON

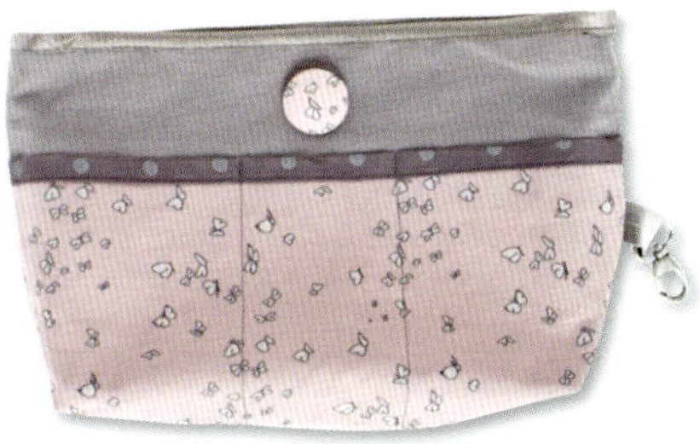

MODELE 3 — MES EMPLETTES

• A

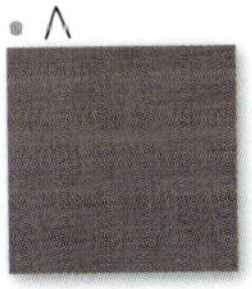

40 x 60 cm de coton gris

• B

30 x 62 cm de batiste rose à papillons

• C

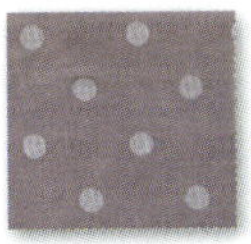

30 x 62 cm de batiste grise à pois argentés

- 74 cm de biais argenté
- 1 porte-clés mousqueton
- 1 bouton rose à papillons
- 1 pression Kam rose ou 1 pression à coudre

PETIT MATERIEL

Ciseaux, aiguille et fil à coudre, pince pour pression Kam, fer à repasser.

PAS A PAS

LA COUPE

Découpez 2 rectangles de 40 x 30 cm dans le tissu A ; 1 rectangle de 30 x 29 cm et 1 rectangle de 30 x 33 cm dans le tissu B ; 1 rectangle de 30 x 29 cm et 1 rectangle de 30 x 33 cm dans le tissu C.

L'ASSEMBLAGE

LA PREPARATION

1 Posez le rectangle de tissu C de 30 x 33 cm endroit contre la surface de travail. Superposez le rectangle de tissu B de 30 x 29 cm, envers contre envers, en le centrant dans la largeur.

2 Faites un rentré de 1 cm avec le tissu en surplus sur un des longs côtés. Marquez-le au fer à repasser, puis faites un autre rentré de 1 cm afin de recouvrir le tissu B à la façon d'un biais. Epinglez et piquez au ras du tissu C. Répétez l'opération de l'autre côté.

3 Répétez les étapes 1 et 2 en utilisant cette fois le rectangle de tissu B de 30 x 33 cm et le rectangle de tissu C de 30 x 29 cm.

4 Pliez les 2 rectangles de tissu A en deux dans le sens de la longueur, envers contre envers, de façon à obtenir 2 rectangles de 30 x 20 cm. Ecrasez avec le doigt pour bien marquer les plis.

5 Répétez l'étape 4 avec la pièce en tissu B bordée par le tissu C, obtenue à l'étape 2, puis avec la pièce en tissu C bordée par le tissu B, obtenue à l'étape 3.

6 Superposez les pièces deux par deux, tissu C contre tissu A pour l'une et tissu B contre tissu A pour l'autre, en alignant les plis formés sur les 2 tissus. Epinglez sur la ligne et piquez.

LES POCHES

1 Sur la pièce avec le tissu B à l'extérieur, placez des épingles de part et d'autre de la couture centrale : d'un côté, marquez une séparation au milieu du rectangle, et de l'autre, marquez 2 séparations à 11,5 cm de chaque extrémité. Piquez les lignes ainsi marquées, en partant de la bordure de tissu C.

2 Sur la pièce avec le tissu C à l'extérieur, placez des épingles d'un côté de la couture centrale, de façon à marquer 2 séparations à 10 cm des bords. Piquez les lignes ainsi marquées. De l'autre côté, posez une pression Kam au centre de la poche ou cousez une pression à coudre.

LA TROUSSE

1 Coupez un morceau de biais de 12 cm de long, enfilez le mousqueton dessus, pliez le morceau de biais en deux et piquez tout autour.

2 Repliez les 2 pièces endroit contre endroit sur la couture centrale et épinglez les côtés.

3 Placez le mousqueton plié en deux à l'intérieur de la pièce avec la bordure en tissu C, 3 cm sous la bordure, en le laissant dépasser de 1 cm à l'extérieur. Piquez les côtés de chaque pièce.

4 Réalisez le fond de la trousse, de façon à obtenir des angles de 6 cm (voir p. 5).

5 Retournez la partie avec la bordure en tissu C sur l'endroit, puis insérez l'autre partie à l'intérieur, envers contre envers, en plaçant bien les angles les uns dans les autres.

6 Piquez les 2 parties ensemble au ras du bord supérieur, puis coupez les 3 mm de doublure qui dépassent.

7 Posez le biais en commençant par l'intérieur de l'organiseur (voir p. 5). Cousez le bouton au centre de la partie haute.

LA TROUSSE FILLETTE

FASHION

MODELE 1 — MES EMPLETTES

- A

22 x 52 cm de toile écrue

- B

22 x 42 cm de coton à triangles jaune, orange et rose

- C

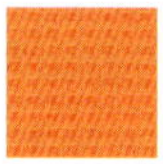

22 x 18 cm d'éponge nid d'abeille orange

- 6 x 12 cm de thermocollant double-face
- 1 fermeture à glissière séparable écru de 20 cm de long
- 1 m de cordelière tressée orange
- 2 m de coton à broder jaune fluo
- 50 cm de coton à broder noir, orange
- 2 nœuds vert anis

SAGE

MODELE 2 — MES EMPLETTES

- A

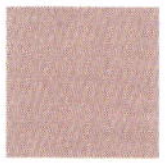

22 x 52 cm de toile rose

- B

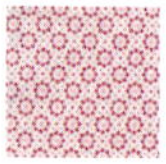

22 x 42 cm de coton blanc à fleurs et pois roses

- C

22 x 18 cm de velours jaune

- 6 x 12 cm de thermocollant double-face
- 1 fermeture à glissière séparable rose de 20 cm de long
- 1 m de cordelière tressée jaune
- 2 m de coton à broder rose
- 50 cm de coton à broder noir, fuchsia
- 2 nœuds fuchsia à pois blancs

ILIENNE

MODELE 3 — MES EMPLETTES

- A

22 x 52 cm de toile chocolat

- B

22 x 42 cm de coton rose à fleurs blanches

- C

22 x 18 cm d'éponge bouclette noire

- 6 x 12 cm de thermocollant double-face
- 1 fermeture à glissière séparable chocolat de 20 cm de long
- 1 m de cordelière tressée noire
- 2 m de coton à broder blanc
- 50 cm de coton à broder noir, bordeaux
- 2 nœuds vichy rouge et blanc

PETIT MATERIEL

Ciseaux, aiguille et fil à coudre, aiguille à broder pointue, papier-calque, cartonnette, crayon, compas, fer à repasser.

PAS A PAS

LA COUPE

1 Reproduisez le gabarit des cheveux sur du papier-calque (voir p. 47), puis reportez-le sur de la cartonnette. Découpez.

2 Découpez 2 rectangles de 22 x 17 cm dans les tissus A et B.

3 Tracez 1 cercle de 6 cm de diamètre dans de la cartonnette et découpez-le. Placez-le sur un angle d'un des 4 rectangles précédemment découpés de façon qu'il touche les 2 côtés de l'angle droit. Tracez l'arrondi et coupez sur le trait. Répétez l'opération pour l'autre angle du long côté, puis sur les 3 autres rectangles.

4 Tracez un rectangle de 21 x 11 cm sur l'envers du tissu A. Placez le gabarit des cheveux à l'extérieur du rectangle le long d'un grand côté, couette large à droite, en alignant les bords. Reportez-le, puis découpez le tout.

5. Répétez l'opération sur l'envers du tissu C, en inversant le gabarit.

6. Découpez 2 carrés de 6 cm de côté dans le tissu B et dans le thermocollant double-face.

L'ASSEMBLAGE

LE VISAGE

1. Reportez les yeux et la bouche du visage sans trop appuyer sur l'endroit d'un des rectangles de tissu A, côté arrondi vers le bas (voir p. 47).

2. Brodez le contour des yeux et les cils en point arrière, avec une aiguillée de coton noir. Brodez le contour des lèvres en point arrière, avec une aiguillée de coton de l'autre coloris.

3. Thermocollez les carrés de thermocollant sur l'envers des carrés de tissu B. Tracez un cercle de 5 cm de diamètre sur chaque carré, puis découpez.

4. Thermocollez les cercles ainsi obtenus à l'emplacement des joues, à 2,5 cm de l'arrondi.

LA TROUSSE

Posez la fermeture à glissière entre les tissus A et B, de chaque côté de la trousse (voir p. 4), puis cousez la trousse en suivant les étapes 3 et 4 de l'assemblage de la trousse basique (voir p. 8).

LES CHEVEUX

1. Posez les tissus A et C restants endroit contre endroit. Epinglez tout autour.

2. Coupez 6 morceaux de 12 cm dans la cordelière. Insérez 3 tresses entre les 2 tissus, dans chaque arrondi, en les laissant dépasser de 2 cm.

3. Piquez tout autour en commençant par le côté opposé aux tresses. Laissez une ouverture centrale de 12 cm sur ce côté. Retournez sur l'endroit et surpiquez bien au bord pour fermer.

4. Placez la chevelure endroit contre la surface de travail, tresses en l'air. Posez la trousse par-dessus, 6 cm au-dessus du bord droit, visage face à vous. Bâtissez par l'intérieur de la trousse le long de la fermeture, puis piquez les 2 parties ensemble, toujours par l'intérieur, à 1 cm de la fermeture.

5. Rabattez les cheveux sur le visage et fixez les 2 angles mobiles sur le dos de la trousse par un petit point à la main.

LES FINITIONS

1. Coupez un morceau de coton à broder de 20 cm de long. Enroulez-le 7 fois autour de la cordelière, nouez et coupez.

2. Cousez un petit nœud sur chaque tresse centrale, au ras du tissu des cheveux. Faites quelques points au niveau du bord supérieur gauche de la frange, pour figurer une barrette.

GABARITS à reproduire à 150 %

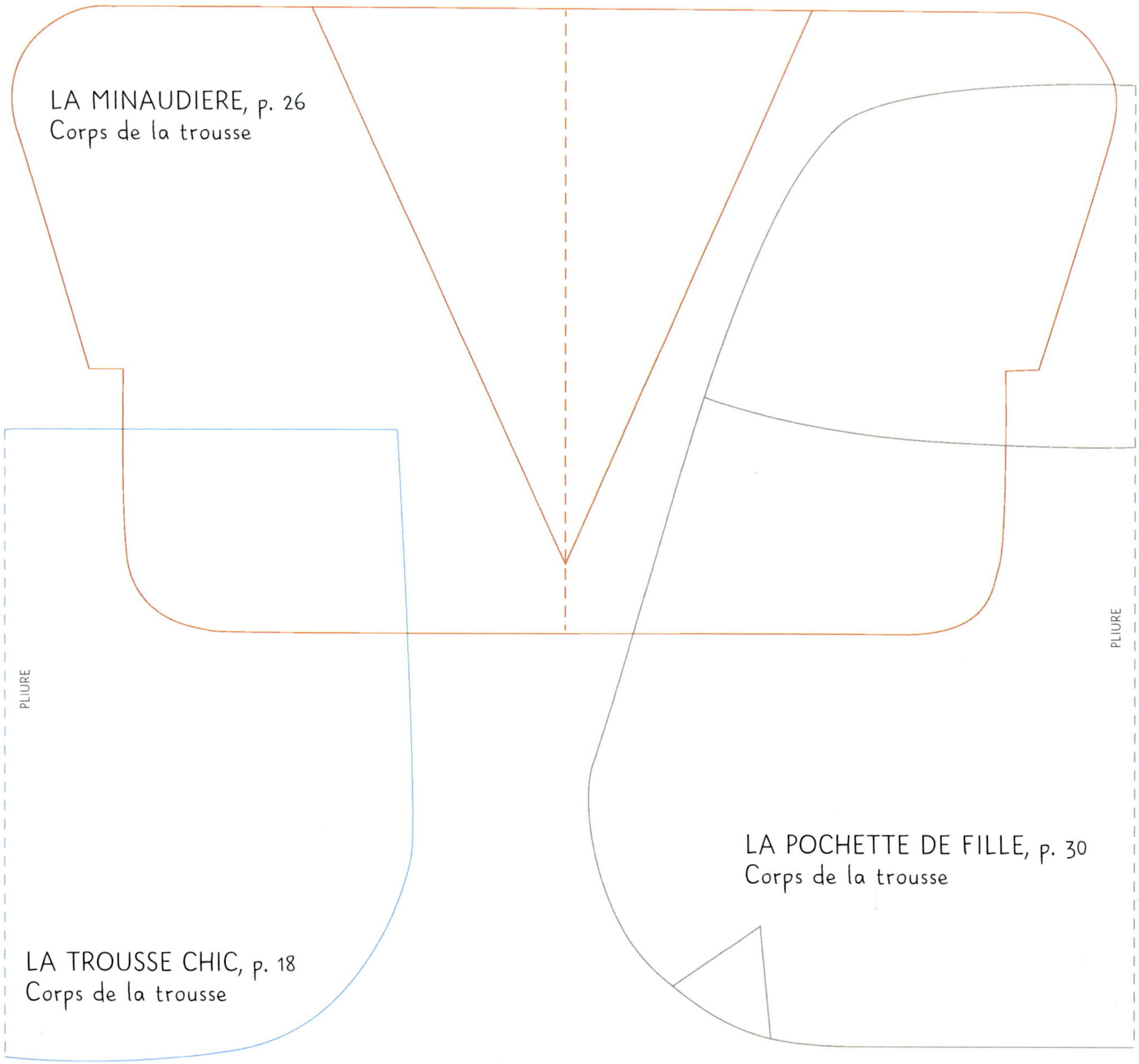

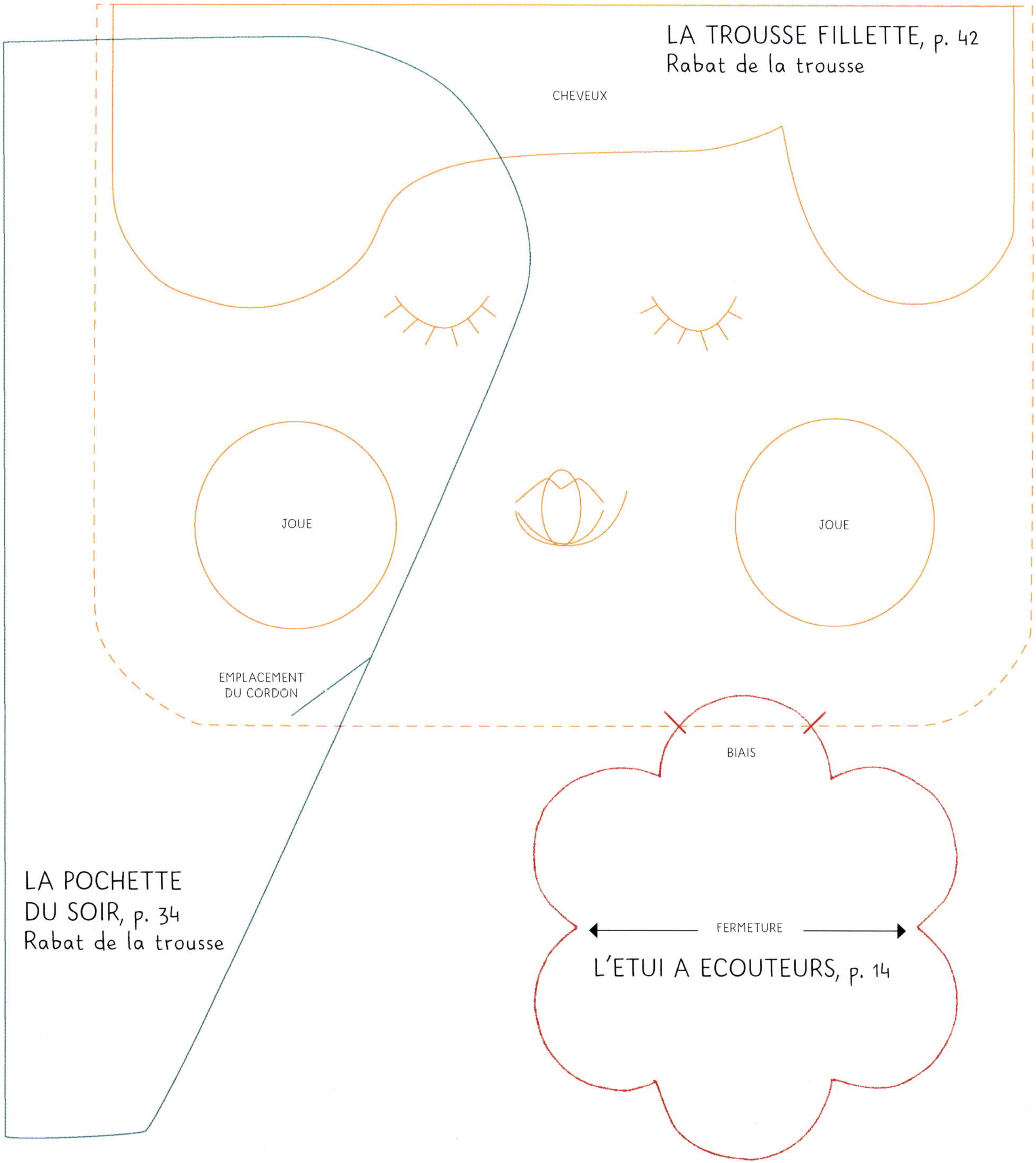
LA TROUSSE FILLETTE, p. 42
Rabat de la trousse
CHEVEUX
JOUE
JOUE
EMPLACEMENT
DU CORDON
LA POCHETTE
DU SOIR, p. 34
Rabat de la trousse
BIAIS
FERMETURE
L'ETUI A ECOUTEURS, p. 14

TABLE DES MATIERES

Merci à Nathalie d'Abracadacraft pour m'avoir encouragé et donné confiance en moi, à Emmanuelle pour m'avoir montré le chemin de la blogosphère, à Christelle ma testeuse, à mes proches pour avoir vécu sous les tissus pendant quelques semaines et à vous qui me suivez sur mon blog ou sur les réseaux sociaux.
Merci aux partenaires : Ma petite mercerie (www.mapetitemercerie.com), Motif personnel (www.motifpersonnel.com), Linna Morata (www.linnamorata.com), France Duval Stalla (www.franceduvalstalla.com), Artemio (www.artemio.be), DMC (www.dmc.fr), Perles & Co (www.perlesanco.com).

Direction éditoriale : Anne-Sophie Pawlas - Edition : Amélie Rioual - Relecture : Valérie Balland
Conception graphique : Céline Julien - Couverture : C.d.G. - Mise en pages : C.d.G.
Photographies : Claire Curt - Stylisme : Sonia Roy
Fabrication : Géraldine Boilley-Hautbois, Louise Martinez - Photogravure : Quadri Offset

Le Temps Apprivoisé
7, rue des Canettes
75006 Paris

http://www.letempsapprivoise.fr

Achevé d'imprimer en Malaisie par Tien Wah Press en avril 2014.